やさしい果物のお菓子

すべての手順が写真でわかる10枚レシピ

飯塚有紀子

優しくて、易しい 果物のお菓子

旬の果物を使ったお菓子づくりは、ゆっくりと季節の移り変わりを感じるひとときです。
真っ赤ないちごのみずみずしい匂い、レモンをギュっと絞ったときの爽やかな酸味、
マーマレードを煮る鍋からただよう甘い香り。
秋。茹でた栗を一粒一粒ていねいに裏ごしする時間。
冬に届いた箱いっぱいのりんごは、焼き菓子にしてお返ししたり。

旬の時期は、味も香りもよい果物が手に入りますから、
お菓子にするときは、あまり手を加えずシンプルに。
ジャムは、なるべく少なめのお砂糖で煮ます。
その分、日持ちはしないけれど、果物そのものの味を楽しみ、
たっぷりつくったときは、お菓子にアレンジしてみてください。

暮らしの中で、四季の実りをお菓子づくりを通して楽しみましょう。

sommeire [目次]

 **Strawberry**
いちごのお菓子

 **Lemon**
レモンのお菓子

 Orange・Grapefruit
オレンジ・グレープフルーツのお菓子

 **Rhubarb**
ルバーブのお菓子

- 8 Easy strawberry jam
  いちごジャム
- 10 Strawberry jelly
  いちごのゼリー
- 12 Strawberry mousse
  いちごのムース
- 14 Strawberry cake
  ストロベリーケーキ
- 18 Strawberry roll cake
  いちごのロールケーキ
- 24 Clafoutis de la fraise
  いちごのクラフティ

- 28 Lemon curd
  レモンカード
- 30 Lemon mousse
  レモンムース
- 32 Sablé au citron
  レモンサブレ
- 36 Lemon and poppyseed cupcakes
  レモンとポピーシードのカップケーキ
- 40 Gâteau citron
  レモンケーキ

- 46 Orange marmalade
  オレンジマーマレード
- 48 Orange marmalade madeleine
  オレンジマーマレード マドレーヌ
- 52 Orangettes
  オランジェット
- 54 Torta all'arancia
  オレンジケーキ
- 58 Orange mascarpone cheesecake
  オレンジのマスカルポーネチーズケーキ
- 62 Grapefruit pudding
  グレープフルーツプリン
- 66 Grapefruit cheese tart
  グレープフルーツのチーズタルト

- 72 Rhubarb jam
  ルバーブジャム
- 74 Rhubarb and raspberry frozen yogurt
  ルバーブとラズベリーのフローズンヨーグルト
- 76 Rhubarb crumble
  ルバーブのクランブル
- 78 Rhubarb and lemon cake
  ルバーブとレモンのケーキ

Nashi pear Marrons
和梨・栗のお菓子

84 Nashi pear compote jelly
和梨のコンポートゼリー

86 Nashi pear mousse
和梨のムース

88 Compote de marrons
栗のブランデー煮

90 Mont blanc
モンブラン

Apple
りんごのお菓子

96 Apple jam
真っ赤なりんごジャム

98 Apple jam cupcakes
りんごジャムのカップケーキ

102 Caramel apple walnut cake
りんごとくるみのキャラメルケーキ

106 Tarte aux pommes
りんごのパイ

Banana
バナナのお菓子

112 Banana coconut pudding
バナナ ココナッツ プディング

116 Banana chiffon cake
バナナシフォンケーキ

120 Hummingbird cake
ハミングバードケーキ
(バナナとパイナップルのケーキ)

Column
コラム

124 Homemade fruit syrup
季節ごとに楽しむ果物のシロップ

126 Wrapping
ラッピングについて

Strawberry {いちごのお菓子}

Easy strawberry jam

Strawberry jelly

Strawberry mousse

Strawberry cake

Strawberry roll cake

Clafoutis de la fraise

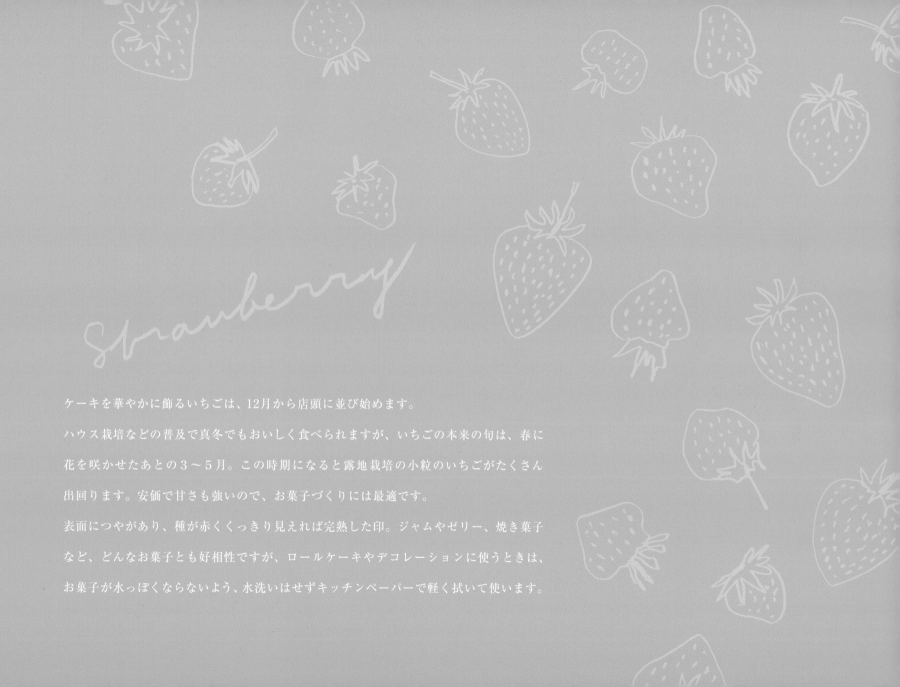

Strawberry

ケーキを華やかに飾るいちごは、12月から店頭に並び始めます。ハウス栽培などの普及で真冬でもおいしく食べられますが、いちごの本来の旬は、春に花を咲かせたあとの3〜5月。この時期になると露地栽培の小粒のいちごがたくさん出回ります。安価で甘さも強いので、お菓子づくりには最適です。
表面につやがあり、種が赤くくっきり見えれば完熟した印。ジャムやゼリー、焼き菓子など、どんなお菓子とも好相性ですが、ロールケーキやデコレーションに使うときは、お菓子が水っぽくならないよう、水洗いはせずキッチンペーパーで軽く拭いて使います。

Easy strawberry jam
{いちごジャム}

PREPARATION 準備

約700g分

いちご 500g

グラニュー糖 250g

上白糖でも代用できます。

レモン汁 小さじ1

1

いちごは洗ってヘタを取ります。

いちごが大きい場合は適当なサイズにカットします。

2

鍋に、いちご、グラニュー糖の半量、レモン汁を合わせて、2時間おきます。

使用する鍋は、ゆっくりと熱が入り、保温力がある、琺瑯がおすすめです。

3

蓋をして、ごく弱火にかけ、沸騰後15分煮ます。

火加減は、煮あがるまでごく弱火のままです。蓋をしたまま煮続けます。

4

火を止めて、残りのグラニュー糖を加えてよく混ぜ合わせます。ごく弱火でさらに5分煮ます。

5

火を止めて、そのまま冷まします。密閉容器に入れて、冷蔵庫で保存します。

冷蔵庫で2週間ほど日持ちします。

Strawberry jelly [いちごのゼリー]

PREPARATION 準備

約100mlグラス 4個分

グラス（約100ml）4個

いちごジャム 300g

P8のいちごジャムを使います。

グラニュー糖 20g + 水 160ml

小鍋に入れておきます。

粉ゼラチン 5g + 水 25ml

粉ゼラチンに水を注いでよく混ぜ合わせたら、冷蔵庫に入れて30分ふやかしておきます。

1
グラニュー糖+水の小鍋を中火にかけます。

2
沸騰してグラニュー糖が溶けたら火を止めて、ふやかしたゼラチンをちぎり入れます。

3
いちごジャムを加えて混ぜ合わせます。

4
ボウルに移し、氷水にあてて、たまに混ぜながら、とろみがつくまで冷やします。

5
グラスに流し入れ、冷蔵庫で2時間ほど冷やし固めます。

冷蔵庫で3日間ほど日持ちします。

Strawberry jelly

Strawberry mousse
〔いちごのムース〕

PREPARATION 準備

約200ml容器　4個分

容器
（約200ml）4個

いちご　140g

グラニュー糖　40g

レモン汁　小さじ1

粉ゼラチン4g＋水20ml

粉ゼラチンに水を注いでよく混ぜ合わせたら、冷蔵庫に入れて30分ふやかしておきます。

生クリーム　200ml

ボウルに入れて、冷蔵庫で冷やしておきます。乳脂肪分45〜47％のものを使用します。なければ35％のものでもよいです。

1
いちごはヘタを取り適当な大きさに刻み、グラニュー糖、レモン汁を合わせミキサーにかけます。ボウルに移します。

2
ふやかしたゼラチンを湯せんして溶かし、1と合わせます。氷水にあてて、少しとろみがつくまで冷やします。

3
生クリームのボウルを氷水にあてて、固く泡立てます。

4
2に生クリームを半分ずつ加えて、泡立て器で混ぜ合わせます。

5
容器に流し入れ、冷蔵庫で2時間ほど冷やし固めます。お好みで、いちごジャムを添えます。

冷蔵庫で3日間ほど日持ちします。

Strawberry cake
|ストロベリーケーキ|

PREPARATION 準備　　直径18cm丸型　1台分

| 丸型（直径18cm）1台 | いちご 100g | 無塩バター 40g | グラニュー糖 70g +塩 ひとつまみ | 卵　Lサイズ1/2個 | バニラエッセンス 適宜 |

底が抜けるタイプの丸型を使用します。底と側面にオーブンシートを敷いておきます。

ボウルに入れて、常温にもどしておきます。

上白糖でも代用できます。

溶きほぐして、常温にもどしておきます。
卵が冷たいと生地が分離しやすくなります。冷たい場合は30℃くらいの湯にあてます。

| 牛乳 60g | 薄力粉 90g | ベーキングパウダー 小さじ1/2 | 仕上げ用 グラニュー糖 適量 |

常温にもどしておきます。
牛乳が冷たいと生地が分離しやすくなります。冷たい場合は30℃くらいの湯にあてます。

バターを常温にもどす方法

バターが固いままだとパサパサに、完全に溶かすとカチカチの仕上がりになってしまいます。バターをきちんともどすことで、なめらかな食感のお菓子になります。

40℃くらいの湯に3秒くらいあてます。

湯せんからはずして泡立て器で軽く混ぜます。

1、2を繰り返して、バターをマヨネーズ状にします。

Strawberry cake

Strawberry cake |ストロベリーケーキ|

1

🔲 オーブンを170℃に予熱します。
いちごはヘタを取り、キッチンペーパーで拭いて、たて半分にカットしておきます。

ケーキに使用するいちごは、洗うと水を吸って、仕上がりが水っぽくなってしまいます。

2

前ページの🥄を参考に常温にもどした無塩バターに、グラニュー糖+塩を加えてすり混ぜます。

3

卵を3回くらいに分けて加えて混ぜ、バニラエッセンスを1〜2滴加えます。

4

牛乳の1/3量を加え、ゴムベラで混ぜます。

牛乳を一度に入れると生地が分離してしまうので、必ず分けて加えます。

5

薄力粉とベーキングパウダーを合わせて、1/3をふるい入れ、粉気がなくなるまで混ぜます。

6
4と5を繰り返します。

7
丸型に流し入れ、平らにならします。

8
1のいちごを、カットした面を下にしてのせます。

9
仕上げ用のグラニュー糖を茶こしでまんべんなくふるい、170℃にあたためたオーブン（2段の場合は下段）で40分焼きます。

10
焼き上がったら型とオーブンシートをはずし、網の上で冷まします。

密閉容器に入れて、常温で1週間ほど日持ちします。

Strawberry roll cake

|いちごのロールケーキ|

PREPARATION 準備　　32.5cm×27.5cm　天板1枚分

天板	─── スポンジ用 ───				
天板 （32.5cm×27.5cm）1枚	卵 Lサイズ3個	グラニュー糖 90g	無塩バター 30g	牛乳 10ml	薄力粉 60g

オーブンシートの両端を立ち上げて、天板に敷いておきます。

ボウルに入れて、溶きほぐしておきます。

上白糖でも代用できます。

湯せんできる容器に入れておきます。

<シロップ用>
グラニュー糖 5g
＋ 水 10ml

生クリーム 200ml

生クリーム用
グラニュー糖 20g

いちご 1パック
（約200g）

小鍋に入れておきます。

ボウルに入れて、冷蔵庫で冷やしておきます。乳脂肪分45〜47％のものを使用します。なければ35％のものでもよいです。

Strawberry roll cake　19

Strawberry roll cake いちごのロールケーキ

1

📖 オーブンを190℃に予熱します。
スポンジをつくります。
卵のボウルにグラニュー糖を加えて、ハンドミキサーでざっと混ぜ合わせます。

2

沸騰した湯にあてて、ハンドミキサー低速で混ぜます。指を入れて人肌くらいの温度になったら湯からはずします。

3

牛乳を無塩バターに加えます。2で使用した湯にあてて、完全に溶かします。

4

2をハンドミキサー高速で、混ぜ続けます。

5

生地を落として積もり、2～3秒してから消えるくらいまで泡立てます。

6
薄力粉を10回くらいに分けて、ふるい入れては混ぜるを繰り返します。

7
すべてふるい入れたら、ゴムベラで下からすくい上げるようにして、粉気がなくなるまで混ぜ合わせます。

8
3を湯からはずし、ゴムベラにあてながら7に加えて混ぜ合わせます。

9
天板に流し入れ、平らにならします。190℃のオーブン（2段の場合は上段）で9分焼きます。

10
焼き上がったら天板からはずし、平らな場所におきます。側面のオーブンシートだけはがして冷まします。

Strawberry roll cake |いちごのロールケーキ|

11
シロップをつくります。グラニュー糖＋水の小鍋を中火にかけます。ひと煮立ちしたら、火を止めて冷ましておきます。

12
いちごは、キッチンペーパーできれいに拭いてから、ヘタを取り、適当な大きさにカットします。

ケーキに使用するいちごは、洗うと水を吸って、仕上がりが水っぽくなってしまいます。

13
生クリームのボウルにグラニュー糖を入れ、氷水にあてて9分立てにします。

14
10のスポンジが冷めたら、乾いた布巾をかぶせて裏返し、オーブンシートをはがします。大きめのラップをかぶせ、もう1度裏返します。

15
巻き始めにナイフで3本軽く筋を入れます。

スポンジの下までカットしないように気をつけます。

16
11のシロップをハケで全体にぬります。

17
13をのせます。

18
左右2cm、巻き終わりを3cmほど残して、伸ばします。

19
いちごを散らします。

20
ラップを持って、手前から巻きます。巻き終わりを下にして、冷蔵庫で1時間冷やします。

冷蔵庫で2日間ほど日持ちします。

Strawberry roll cake

Clafoutis de la fraise
{いちごのクラフティ}

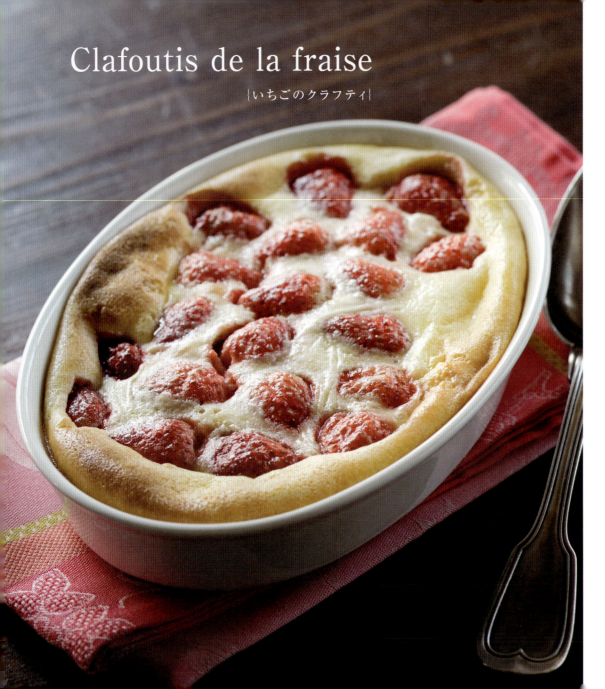

PREPARATION 準備

22×15cmキャセロール　1台分

キャセロール
（22×15cm）1個

いちご200g＋粉砂糖20g

いちごは洗って水気を切り、ヘタを取って粉砂糖とあえておきます。

卵 Lサイズ2個

ボウルに入れて、溶きほぐしておきます。

グラニュー糖 40g

上白糖でも代用できます。

薄力粉 20g

**生クリーム 200g
＋牛乳 50g**

生クリームは、乳脂肪分45〜47％のものを使用します。なければ35％のものでもよいです。

1
オーブンを170℃に予熱します。
卵のボウルにグラニュー糖を加えて混ぜます。

2
薄力粉をふるい入れてダマがなくなるまで混ぜます。

3
生クリーム＋牛乳を加えて混ぜます。

4
キャセロールにいちご＋粉砂糖を入れ、3を漉しながら流し入れます。

5
170℃にあたためたオーブン（2段の場合は下段）で35〜40分焼きます。

焼き立て、または冷やして、どちらもおすすめです。

Clafoutis de la frais

Lemon  {レモンのお菓子}

Lemon curd

Lemon mousse

Sablé au citron

Lemon and poppyseed cupcakes

Gâteau citron

レモンの木は4〜5月頃に白い花が咲き、秋になるとたくさんの緑色の実をつけます。そして冬、1〜3月に黄色く熟して旬を迎えます。熟すほど果肉の量と果汁は増しますが、フレッシュな酸味のグリーンレモン、完熟したイエローレモンと、季節ごとに美しい皮の色を生かしたお菓子をつくるのも楽しいものです。
国産の無農薬レモンが手に入る旬の季節は、皮をたっぷり使ったお菓子やシロップづくりがおすすめです。

Lemon

Lemon curd
{レモンカード}

PREPARATION 準備

約150g分

卵 Lサイズ1個
ボウルに入れて、溶きほぐしておきます。

グラニュー糖 50g
上白糖でも代用できます。

薄力粉 小さじ1（約3g）

**レモン汁
50ml（約1個分）**

**レモンの皮（すりおろし）
1個分**

無塩バター 40g

1
卵のボウルにグラニュー糖を入れ、泡立て器ですり混ぜます。

2
薄力粉をふるい入れ、ダマがないように混ぜ合わせます。

3
レモン汁を加えて混ぜます。

4
鍋に移し、中火にかけて絶えず混ぜます。とろみがついて沸騰してきたら、ごく弱火にして1分ほど混ぜ続けます。火を止めて、無塩バターとレモンの皮を加えます。

5
バターが溶けたらバットに移して冷まします。パンにぬったり、タルトにのせたりしていただきます。

密閉容器に入れて、冷蔵庫で2週間ほど日持ちします。

Lemon curd

Lemon mousse
|レモンムース|

PREPARATION 準備

約100mlグラス 4個分

グラス
（約100ml）4個

レモンカード 150g

P28のレモンカードをつくります。

粉ゼラチン3g+水大さじ1

粉ゼラチンに水を注いでよく混ぜ合わせたら、冷蔵庫に入れて30分ふやかしておきます。

生クリーム 100ml

ボウルに入れて、冷蔵庫で冷やしておきます。乳脂肪分45～47％のものがおすすめです。なければ35％のものでもよいです。

レモンの輪切り 4枚

1
ボウルにふやかしたゼラチンをちぎり入れ、湯せんして溶かします。

2
レモンカードを少量加えてよく混ぜ合わせます。湯せんからはずし、残りも合わせて混ぜます。

3
生クリームはボウルごと氷水にあてて、7分立てにします。

4
2に3を半量ずつ加え、その都度ゴムベラでふんわりと混ぜ合わせます。

5
グラスに流し入れ、レモンの輪切りをのせて、冷蔵庫で2時間ほど冷やし固めます。

冷蔵庫で3日間ほど日持ちします。

Lemon mousse

Sablé au citron ｜レモンサブレ｜

PREPARATION 準備　　直径5cm　20枚分

天板　　抜き型(直径約5cm) 1個　　無塩バター 50g　　粉砂糖 30g +塩 ひとつまみ　　卵 15g　　薄力粉 70g

オーブンシートを敷いておきます。オーブンを予熱するときはオーブンから出しておきます。

ボウルに入れて、常温にもどしておきます。

上白糖でも代用できます。

溶きほぐして、常温にもどしておきます。

アーモンドパウダー 10g　　ベーキングパウダー 小さじ1　　レモンの皮 (すりおろし) 1/2個分

<レモンアイシング>
粉砂糖 60g
レモン汁 12ml(大さじ1弱)
レモンの皮(すりおろし) 1/2個分

ケーキが冷めてから材料を混ぜ合わせてアイシングをつくります。

バターを常温にもどす方法

バターが固いままだとパサパサに、完全に溶かすとカチカチの仕上がりになってしまいます。バターをきちんともどすことで、なめらかな食感のお菓子になります。

40℃くらいの湯に3秒くらいあてます。

湯せんからはずして泡立て器で軽く混ぜます。

1,2を繰り返して、バターをマヨネーズ状にします。

Sablé au citro

Sablé au citron 〔レモンサブレ〕

1
前ページの🥄を参考に無塩バターを常温にもどします。

2
粉砂糖＋塩をふるい入れて泡立て器ですり混ぜます。

3
卵を2〜3回に分けて加え、その都度、混ぜ合わせます。

4
薄力粉、アーモンドパウダー、ベーキングパウダーを合わせてふるい入れ、レモンの皮を加えます。

5
ゴムベラで粉気がなくなるまで混ぜ合わせます。

6
ラップに包み冷蔵庫で1時間休ませます。

7
オーブンを180℃に予熱します。
台に打ち粉（強力粉）をして、生地を適当な大きさにカットします。指で押して柔らかくしてから再びまとめます。

休ませた直後の生地は固く、伸ばすと割れてしまいます。生地をまとめる前に、柔らかくしておくと綺麗に仕上がります。

8
麺棒で厚さ2mmに伸ばし、型で抜きます。

9
天板に並べ、180℃のオーブン（2段ある場合は下段）で10～12分焼きます。

10
焼き上がったら網の上で冷まします。サブレが冷めたら、アイシングを上面にぬります。常温において、アイシングが固まれば出来上がりです。

密閉容器に入れて、常温で1週間ほど日持ちします。

Lemon and poppyseed cupcakes
{レモンとポピーシードのカップケーキ}

PREPARATION 準備　　直径5.5cm マフィン型　6個分

マフィン型
（直径5.5cm×6個）1台

マフィン型にグラシン紙を敷いておきます。紙のマフィンカップでも代用できます。

無塩バター 40g

ボウルに入れて、常温にもどしておきます。

グラニュー糖 80g

上白糖でも代用できます。

サラダ油 20g

卵　Lサイズ1個

溶きほぐして、常温にもどしておきます。
卵が冷たいと生地が分離しやすくなります。冷たい場合は30℃くらいの湯にあてます。

ヨーグルト（無糖）40g

薄力粉 100g

ベーキングパウダー　小さじ1/2

ポピーシード 10g

レモンの皮（すりおろし）1/2個分

レモン汁 40g（約1個分）

バターを常温にもどす方法

バターが固いままだとパサパサに、完全に溶かすとカチカチの仕上がりになってしまいます。バターをきちんともどすことで、なめらかな食感のお菓子になります。

40℃くらいの湯に3秒くらいあてます。

湯せんからはずして泡立て器で軽く混ぜます。

1、2を繰り返して、バターをマヨネーズ状にします。

Lemon and poppyseed cupcakes

Lemon and poppyseed cupcakes |レモンとポピーシードのカップケーキ|

1

 オーブンを180℃に予熱します。
前ページの を参考に無塩バターを常温にもどします。

2

グラニュー糖、サラダ油を入れて2分ほどよく混ぜ合わせます。

ここでよく混ぜることでふんわりとしたカップケーキに仕上がります。

3

卵を2〜3回に分けて加え、混ぜ合わせます。

4

ヨーグルトを加えて混ぜ合わせます。

5

薄力粉、ベーキングパウダーを合わせてふるい入れます。

6
ポピーシード、レモンの皮を加え、ゴムベラで粉気がなくなるまで混ぜ合わせます。

7
レモン汁を2〜3回に分けて加え、混ぜ合わせます。

8
マフィン型に生地を流し入れ、180℃のオーブン（2段ある場合は下段）で20〜25分焼きます。

9
焼き上がったら型のまま5分ほどおきます。

焼き立ては生地が柔らかく、崩れやすいので、少しおいてから取り出します。

10
横から竹串でマフィンを支えて取り出し、網の上で冷まします。好みで粉砂糖をかけても。

密閉容器に入れて、常温で1週間ほど日持ちします。

Lemon and poppyseed cupcakes

Gâteau citron {レモンケーキ}

PREPARATION 準備   8×18.5cmパウンド型　1台分

パウンド型
(8×18.5×深さ6.5cm) 1台

オーブンシートを敷いて
おきます。

卵　Lサイズ2個

ボウルに入れて、溶き
ほぐしておきます。

グラニュー糖 140g

上白糖でも代用できます。

レモンの皮（すりおろし）
1個分

レモン汁 20ml
（レモン約1/2個分）

薄力粉 90g

ベーキングパウダー
小さじ1/2

サワークリーム 50g

別のボウルに入れておき
ます。

無塩バター 50g

湯せんできる容器に
入れておきます。

＜アイシング用＞
粉砂糖 50g
+レモン汁 小さじ2

ケーキが冷めてから材料
を混ぜ合わせてアイシング
をつくります。

＜飾り用＞
レモンの皮（すりおろし）
適宜

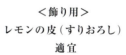

Gâteau citron

Gâteau citron |レモンケーキ|

1

🔥 オーブンを170℃に予熱します。
卵のボウルにグラニュー糖を加え、ざっと混ぜ合わせます。

2

沸騰した湯にあてて、ハンドミキサー低速で絶えず混ぜます。指を入れて、人肌くらいの温度になったら湯からはずします。

3

バターを、2で使用した湯にあてておきます。

4

2をハンドミキサー高速で混ぜ続けます。ハンドミキサーの羽を持ち上げて、生地が積もり2〜3秒してから消えるくらいまで泡立てます。

5

4にレモンの皮、レモン汁を加えて混ぜます。

6
薄力粉、ベーキングパウダーを合わせてふるい入れ、ゴムベラで粉気がなくなるまで混ぜ合わせます。

7
サワークリームのボウルに6の生地の1/3を加えてよく混ぜ合わせたら、6のボウルに戻し入れます。

8
3のバターを湯からはずし、ゴムベラにあてながら加えて混ぜ合わせます。

9
パウンド型に流し入れ、170℃のオーブン（2段の場合は下段）で50〜60分焼きます。

10
焼き上がったら型からはずし、逆さまにして網の上で冷まします。ケーキが冷めたらアイシングをかけて、レモンの皮を飾ります。

密閉容器に入れて、常温で1週間ほど日持ちします。冷蔵庫で冷やしていただくのもおすすめです。

Gâteau citron

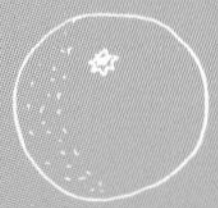

Orange Grapefruit

{オレンジ・グレープフルーツのお菓子}

Orange marmalade

Orange marmalade madeleine

Orangettes

Torta all'arancia

Orange mascarpone cheesecake

Grapefruit pudding

Grapefruit cheese tart

オレンジの主な品種には、冬から春に旬を迎えるネーブルオレンジ、夏から秋が旬のバレンシアオレンジがあります。国産オレンジのほとんどはネーブルオレンジで、1〜3月が旬。「ネーブル」は英語で「おへそ」を意味し、ヘタの反対側におへそに似たくぼみがあるのが特徴です。味が濃くてジューシー、香りも豊かなので、マーマレードやコンフィにするのがおすすめです。

グレープフルーツは、輸入品が多く年間を通して手に入りやすい果物です。皮にハリがあり、ずっしりと重みを感じるものを選ぶようにしましょう。

Orange

Grapefruit

Orange marmalade

{オレンジマーマレード}

PREPARATION 準備

約1kg分

オレンジ 4個

グラニュー糖 500g

上白糖でも代用できます。

1
オレンジはよく洗って水気をふき、皮をむいて細切りにします。ボウルに入れて、たっぷりの水に浸し、紙蓋をして5〜6時間おいてアクを抜きます。

2
オレンジの果肉を取り出し、残った薄皮を絞って果汁をとっておきます。

オレンジの果実の取り出し方はP.59を参照。

3
1の水気を切って鍋に入れ、かぶるくらいの水を入れて中火にかける。煮立ったら、すぐに皮をざるに上げ、茹で汁を捨てます。

使用する鍋は、ゆっくりと熱が入り、保温力がある、琺瑯がおすすめです。

4
3の皮を鍋に戻し、2の果肉とグラニュー糖の半量を加えます。2の果汁に水を加えて250mlにしたものを注ぎ、中火にかけます。フツフツと煮立ち始めたら弱火にして1時間煮ます。火を止め、蓋をして5〜6時間おきます。

5
残りのグラニュー糖を加えて再び火にかけ、弱火で30分煮ます。火を止めて完全に冷めたら、密閉容器に入れて、冷蔵庫で保存します。

冷蔵庫で2週間ほど日持ちします。

Orange marmalade

Orange marmalade madeleine [オレンジマーマレード マドレーヌ]

PREPARATION 準備   5×8cmシェル型 6個分

シェル型
（約5×8cm×6個）1台

型に無塩バター（分量外）をうすくぬり、強力粉（分量外）をはたいて余分な粉を落とします。使うまで冷蔵庫で冷やしておきます。

卵 Lサイズ 1個

ボウルに入れて、溶きほぐしておきます。

グラニュー糖 50g

上白糖でも代用できます。

牛乳 大さじ1

薄力粉　50g

ベーキングパウダー
小さじ1/3

無塩バター 50g

小鍋に入れておきます。

オレンジマーマレード 50g

P46のオレンジマーマレードを使います。

Orange marmalade madeleine

Orange marmalade madeleine {オレンジマーマレード マドレーヌ}

1
卵のボウルにグラニュー糖を加えて泡立て器でざっと混ぜ合わせます。

2
牛乳を加えて混ぜ合わせます。

3
薄力粉とベーキングパウダーを合わせてふるい入れます。

4
粉気がなくなり、なめらかになるまで混ぜ合わせます。

泡立て器を立ててぐるぐると回すように混ぜます。このとき生地を泡立てないように気をつけます。

5
無塩バターを中火にかけて溶かします。

6

無塩バターがすべて溶けたら熱いうちに4に加えて、ゴムベラで混ぜ合わせます。

バターが冷めると、生地と合わせたときに分離しやすくなるので注意します。

7

オレンジマーマレードを加えて混ぜ合わせます。

8

ボウルにラップをして冷蔵庫で1時間休ませます。

この状態で冷蔵庫で2〜3日保存できます。

9

オーブンを190℃に予熱します。

シェル型の8分目まで生地を流し入れ、オーブン(2段の場合は上段)で12〜15分焼きます。

10

ふっくらとふくらんだコブが乾いていれば焼き上がり。焼き上がったらすぐに型からはずし、網の上で冷まします。

密閉容器に入れて、常温で1週間ほど日持ちします。

Orange marmalade madeleine

Orangettes {オランジェット}

PREPARATION 準備

15～20枚分

天板
オーブンシートを敷いておきます。オーブンを予熱するときはオーブンから出しておきます。

オレンジ 2個

グラニュー糖 250g
上白糖でも代用できます。

コーティング用チョコレート 100g

1
オレンジはよく洗い、沸騰した湯に入れ、再沸騰したら湯から引き上げます。オレンジが冷めたら、厚さ5mm程度の輪切りにします。

2
鍋に水250mlとグラニュー糖の半量を入れて、中火にかけて沸騰させます。火を止めて、1を鍋に平らに並べて入れたら、キッチンペーパーで紙蓋をして、ごく弱火にかけます。再沸騰したら火を止めて、そのまま完全に冷まします。

3
オレンジを取り出し、シロップに残りのグラニュー糖を加え、中火にかけて沸騰させます。オレンジを並べて入れ、ごく弱火にかけて再沸騰させます。火を止めて、5〜6時間おいて冷まします。

この状態で密閉容器に入れて冷蔵庫で2週間ほど日持ちします。

4
余分なシロップを取り、天板に並べます。100℃にあたためたオーブンで30分乾燥させます。

5
コーティング用チョコレートをボウルに入れ、60℃くらいの湯にあてて溶かします。オレンジにチョコレートをつけます。オーブンシートの上で固めます。

密閉容器に入れて、常温で1週間ほど日持ちします。

Orangettes

Torta all'arancia
{オレンジケーキ}

PREPARATION 準備　　8×18.5cmパウンド型　1台分

パウンド型
（8×18.5×深さ6.5cm）1台

オーブンシートを敷いておきます。

無塩バター 100g

ボウルに入れて、常温にもどしておきます。

グラニュー糖 100g

上白糖でも代用できます。

卵　Lサイズ2個

溶きほぐして、常温にもどしておきます。

卵が冷たいと生地が分離しやすくなります。冷たい場合は30℃くらいの湯にあてます。

アーモンドパウダー 40g

オランジェット（刻む） 50g

P52 オランジェット手順3のものを使います。オランジェットの水気を軽く切ってから刻みます。

薄力粉 60g

オレンジ果汁 40ml

果汁100%のオレンジジュースでも代用できます。

オランジェット 4枚

P52 オランジェット手順3のものを使います。キッチンペーパーで水気を取っておきます。

バターを常温にもどす方法

バターが固いままだとパサパサに、完全に溶かすとカチカチの仕上がりになってしまいます。バターをきちんともどすことで、なめらかな食感のお菓子になります。

40℃くらいの湯に3秒くらいあてます。

湯せんからはずして泡立て器で軽く混ぜます。

1、2を繰り返して、バターをマヨネーズ状にします。

Torta all'arancia

Torta all'arancia ｜オレンジケーキ｜

1

 オーブンを170℃に予熱します。
輪切りのオランジェットをパウンド型に並べて入れます。

2

前ページの🥄を参考に無塩バターを常温にもどします。

3

グラニュー糖を入れてハンドミキサーで白っぽくなるまで混ぜます。

生地にたくさん空気を含ませるとおいしい仕上がりになります。

4

卵を10回くらいに分けて加え、泡立て器で混ぜ合わせます。

卵を少し入れて泡立て器で混ぜ、卵が見えなくなったら次を入れます。

5

アーモンドパウダーをふるい入れます。

6
刻んだオランジェットを加えて混ぜます。

7
薄力粉をふるい入れ、ゴムベラで粉気がなくなるまで混ぜ合わせます。

8
オレンジ果汁を3回に分けて加え、その都度、混ぜます。

果汁を入れてゴムベラで混ぜ、果汁が見えなくなったら次を入れます。

9
1に流し入れ、平らにならし、オーブン（2段の場合は上段）で45分焼きます。

割れ目の部分に水気がなければ焼き上がりです。

10
焼き上がったら、逆さまにして網の上で冷まします。

密閉容器に入れて、常温で1週間ほど日持ちします。

Torta all'arancia

Orange mascarpone cheesecake
{オレンジのマスカルポーネチーズケーキ}

PREPARATION 準備　　直径18cm丸型　1台分

丸型
（直径18cm）1台

底が抜けるタイプの丸型を使用します。底と側面にオーブンシートを敷いておきます。

マスカルポーネチーズ 250g

ボウルに入れておきます。マスカルポーネチーズはイタリア原産のフレッシュタイプのチーズです。

卵黄　Lサイズ2個

グラニュー糖 100g

上白糖でも代用できます。

粉ゼラチン 10g
＋水 50ml

粉ゼラチンに水を注いでよく混ぜ合わせたら、冷蔵庫に入れて30分ふやかしておきます。

生クリーム 200ml

ボウルに入れて、冷蔵庫で冷やしておきます。乳脂肪分35％のものを使用しています。なければ45～47％のものでも代用できます。

── オレンジゼリー用 ──

オレンジ汁 200ml

果汁100％のオレンジジュースでも代用できます。

グラニュー糖 40g

粉ゼラチン 5g
＋水 25ml

粉ゼラチンに水を注いでよく混ぜ合わせたら、冷蔵庫に入れて30分ふやかしておきます。

オレンジ果肉 2個分

皮をむいて果肉を取り出しておきます。

オレンジの果肉を取り出す方法

オレンジの上下をカットします。　皮をむきます。　薄皮を削ぎ落とします。　薄皮の両側にナイフを入れて果肉を取り出します。

Orange mascarpone cheesecake

Orange mascarpone cheesecake |オレンジのマスカルポーネチーズケーキ|

1
マスカルポーネチーズに卵黄を加えて泡立て器で混ぜます。

2
グラニュー糖を加えて混ぜます。

3
ゼラチンを別のボウルにちぎり入れ、湯せんをして溶かします。

4
湯せんからはずして、2を1/3量ほど加えてよく混ぜ合わせたら、2のボウルに戻し入れます。

5
生クリームを氷水にあてて5分立てにします。

6
4に1/2ずつ加え、ゴムベラで混ぜ合わせます。

7
丸型に流し入れ、冷蔵庫で30分冷やし固めます。

8
オレンジゼリーをつくります。オレンジ汁とグラニュー糖を小鍋に入れて中火にかけ、鍋肌がフツフツとするまであたためたら、火を止めてゼラチンをちぎり入れます。

9
ゼラチンが溶けたらボウルに移し、氷水にあてて少しとろみがつくまで冷します。

10
7の上に流し入れ、オレンジ果肉を飾ります。冷蔵庫で30分冷やし固めます。

密閉容器に入れて、冷蔵庫で3日間ほど日持ちします。

Grapefruit pudding
［グレープフルーツプリン］

PREPARATION 準備　　直径7cmココット型　4個分

| ココット型（直径7cm）4個 | グレープフルーツ 1個 | 牛乳 150ml | バニラエッセンス 少々 | 卵　Lサイズ1個 |

グレープフルーツのわた（白い部分）と果肉を使います。果肉は冷蔵庫で冷やしておきます。

小鍋に入れておきます。

ボウルに入れて、溶きほぐしておきます。

| グラニュー糖 45g | 生クリーム 100ml | カラメル用 グラニュー糖 60g |

上白糖でも代用できます。

乳脂肪分45〜47%のものを使用しています。

小鍋に入れておきます。上白糖でも代用できます。

グレープフルーツのわたと果肉の取り出し方

1. グレープフルーツの上下をカットし皮をむきます。
2. わた（白い部分）をそぎ切りにします。
3. 薄皮を削ぎ落とします。
4. 薄皮の両側にナイフを入れて果肉を取り出します。

Grapefruit pudding

Grapefruit pudding 〔グレープフルーツプリン〕

1
牛乳の小鍋にグレープフルーツのわた（🥄の工程2）とバニラエッセンスを入れ、1時間、常温におきます。

グレープフルーツの香りと苦味を牛乳に移します。

2
オーブンを160℃に予熱します。

1を中火にかけます。沸騰してきたら弱火にして1分煮て火を止めます。

3
卵のボウルにグラニュー糖を加えてすり混ぜます。

4
3に2を漉しながら加えて混ぜます。

わたにたくさん牛乳が含まれているのでゴムベラでぎゅうっと押してよく絞り出します。

5
生クリームを加えて混ぜ合わせます。

6

バットにココット型を並べ、**5**を流し入れ、40℃くらいの湯を型の下2cmくらい浸るまで注ぎます。アルミホイルをかぶせます。

バットがなければ、天板に直にお湯を注いで並べてもよいです。その場合はココット型1つずつにアルミホイルをかぶせます。

7

160℃のオーブン（2段の場合は下段）で40〜45分湯せん焼きします。網の上で粗熱を取ってから、冷蔵庫で冷やします。

8

カラメルをつくります。グラニュー糖を中火にかけて、たまに鍋をゆすりながら溶かし、半分くらい溶けてきたらヘラでかき混ぜます。

9

全体がカラメル色になったら、火を止めて熱湯50mlを少しずつ加えます。そのまま3分ほど中火にかけてカラメルを仕上げます。

湯がぬるいとカラメルがはねて危ないので必ず熱い湯を注ぎます。

10

7にグレープフルーツの果肉をのせて、カラメルをかけていただきます。

密閉容器に入れて、冷蔵庫で3日間ほど日持ちします。カラメルをかけるのは食べる直前に。

Grapefruit pudding

Grapefruit cheese tart
グレープフルーツのチーズタルト

PREPARATION 準備　　20×20cmセルクル型　1台分

セルクル型
（20×20cm）1台

オーブンシートを敷き、天板の上におきます。

―― タルト生地用 ――

無塩バター 75g

ボウルに入れて、常温にもどしておきます。

グラニュー糖 45g

上白糖でも代用できます。

卵 15g

溶きほぐして、常温にもどしておきます。

卵が冷たいと生地が分離しやすくなります。冷たい場合は30℃くらいの湯にあてます。

薄力粉 120g

クリームチーズ 100g

ボウルに入れて、常温にもどしておきます。

―― チーズフィリング用 ――

グラニュー糖 20g

上白糖でも代用できます。

卵 10g

グレープフルーツ 2個

P63の 🥄 を参考に果肉を取り出し、キッチンペーパーで水気を取っておきます。

粉砂糖 適量

🥄 バターを常温にもどす方法

バターが固いままだとパサパサに、完全に溶かすとカチカチの仕上がりになってしまいます。バターをきちんともどすことで、なめらかな食感のお菓子になります。

40℃くらいの湯に3秒くらいあてます。

湯せんからはずして泡立て器で軽く混ぜます。

1、2を繰り返して、バターをマヨネーズ状にします。

Grapefruit cheese tart

Grapefruit cheese tart |グレープフルーツのチーズタルト|

1
タルト生地をつくります。前ページの 🖊 を参考に無塩バターを常温にもどし、グラニュー糖を加えてすり混ぜます。

2
2〜3回に分けて加え、混ぜ合わせます。

卵を少し入れて泡立て器で混ぜ、卵が見えなくなったら次を入れます。

3
薄力粉をふるい入れ、ゴムベラで粉気がなくなるまで混ぜ合わせます。

4
3をセルクル型に入れ、手で平らにならします。冷蔵庫で30分休ませます。

5
オーブンを180℃に予熱します。チーズフィリングをつくります。クリームチーズを泡立て器で混ぜてクリーム状にします。

6
グラニュー糖を加えてすり混ぜます。

7
卵を2回に分けて加え、混ぜ合わせます。

卵を少しに入れて泡立て器で混ぜ、卵が見えなくなったら次を入れます。

8
4にフォークで細かい穴を開け、7をのせて手で平らにならします。

9
グレープフルーツの果肉を並べ、粉砂糖をまんべんなくふるいます。

10
180℃のオーブン(2段の場合は下段)で40分焼きます。焼き上がったらセルクル型をはずし、網の上に天板をのせて冷まします。

密閉容器に入れて、冷蔵庫で3日間ほど日持ちします。焼き立ても、冷やしても、どちらもおすすめです。

Grapefruit cheese tart

Rhubarb {ルバーブのお菓子}

Rhubarb jam

Rhubarb and raspberry frozen yogurt

Rhubarb crumble

Rhubarb and lemon cake

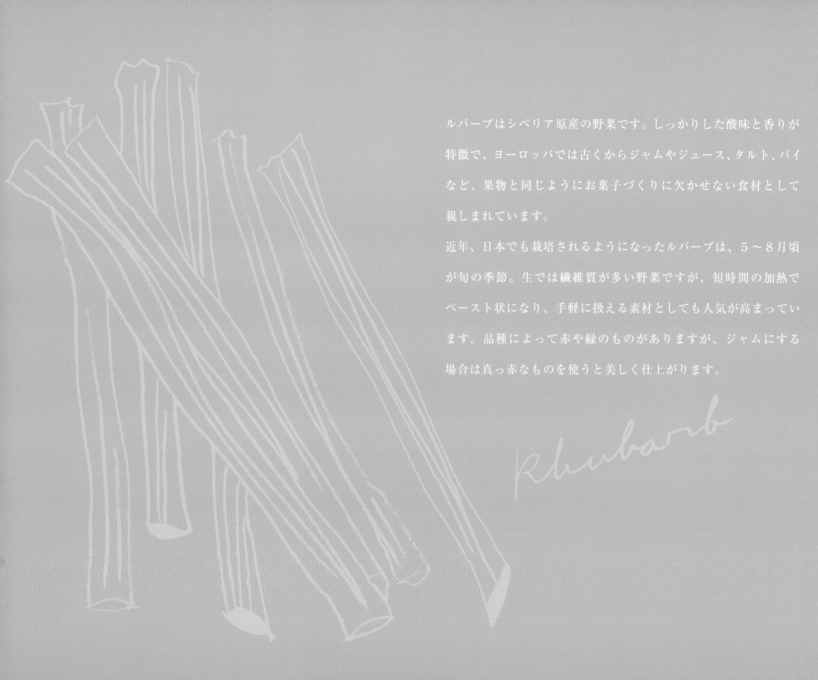

ルバーブはシベリア原産の野菜です。しっかりした酸味と香りが特徴で、ヨーロッパでは古くからジャムやジュース、タルト、パイなど、果物と同じようにお菓子づくりに欠かせない食材として親しまれています。

近年、日本でも栽培されるようになったルバーブは、5〜8月頃が旬の季節。生では繊維質が多い野菜ですが、短時間の加熱でペースト状になり、手軽に扱える素材としても人気が高まっています。品種によって赤や緑のものがありますが、ジャムにする場合は真っ赤なものを使うと美しく仕上がります。

Rhubarb

Rhubarb jam

{ ルバーブジャム }

PREPARATION 準備

約200g分

ルバーブ 200g（約2本）

冷凍のものを使用してもよいです。

グラニュー糖 50g

上白糖でも代用できます。

1
ルバーブはよく洗い、1cm幅にカットします。

2
1を鍋に入れ、グラニュー糖をまぶして30分ほどおきます。

使用する鍋は、ゆっくりと熱が入り、保温力がある、琺瑯がおすすめです。

3
弱火にかけて、たまにかき混ぜながら煮ます。

4
繊維が崩れたら火を止めてそのまま冷まします。

味見をして、味がぼんやりしていたらお好みでレモン汁を入れて調整します。

5
密閉容器に入れて、冷蔵庫で保存します。

冷蔵庫で2週間ほど日持ちします。

Rhubarb jam

Rhubarb and raspberry frozen yogurt

|ルバーブとラズベリーのフローズンヨーグルト|

PREPARATION 準備

16×11cm容器　1個分

密閉容器（16×11cm）1個

ルバーブジャム　100g

P72のルバーブジャムを使います。

冷凍ラズベリー　60g

ヨーグルト（無糖）　320g

1
ヨーグルトは冷凍庫で30分〜1時間ほど冷やして凍らせておきます。

2
1、ルバーブジャム、冷凍ラズベリーをミキサーに入れます。

3
滑らかになるまでミキサーにかけます。

4
密閉容器に移して冷凍庫で2時間ほど冷やし固めます。

5
スプーンでかき混ぜて、器に盛りつけます。

密閉容器に入れて、冷凍庫で2週間ほど日持ちします。

Rhubarb and raspberry frozen yogurt

Rhubarb crumble
{ルバーブのクランブル}

PREPARATION 準備

15×21cmキャセロール　1台分

キャセロール
（15×21cm）1台

無塩バター　40g
ボウルに入れて、常温にもどしておきます。
（P79 参照）

ブラウンシュガー　40g
＋塩　ひとつまみ
きび糖や三温糖でも代用できます。

薄力粉　40g

アーモンドパウダー　40g

ルバーブ
200g（約2本）
冷凍のものを使用してもよいです。

1
P79の 🥄 を参考に常温にもどした無塩バターに、ブラウンシュガー+塩、薄力粉、アーモンドパウダーを合わせてふるい入れます。

2
ゴムベラで切るように混ぜ、冷凍庫に10分ほど入れて冷やし固めます。

生地がホロホロになり、バターの固まりがなければよいです。

3
オーブンを180℃に予熱します。

ルバーブを2cmにカットします。

4
3をキャセロールに入れ、2を手で細かく砕きながら全体に散らします。

5
180℃のオーブン（2段の場合は下段）で30分焼きます。焼き立てをお皿に取り分けて、お好みでアイスクリームを添えていただきます。

クランブルがきつね色になれば焼き上がりです。

Rhubarb crumble

Rhubarb and lemon cake
{ルバーブとレモンのケーキ}

PREPARATION 準備　　直径5.5cm マフィン型　12個分

マフィン型
（直径5.5cm×6個）2台

型に無塩バター（分量外）をうすくぬり、強力粉（分量外）をはたいて余分な粉を落とします。使うまで冷蔵庫で冷やしておきます。

無塩バター 30g

ボウルに入れて、常温にもどしておきます。

グラニュー糖 60g

上白糖でも代用できます。

卵　Lサイズ1個

溶きほぐして、常温にもどしておきます。
卵が冷たいと生地が分離しやすくなります。冷たい場合は30℃くらいの湯にあてます。

サワークリーム 15g

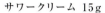

レモン汁 大さじ1

薄力粉 60g

ベーキングパウダー
小さじ1/4

ルバーブ 70g

冷凍のものを使用してもよいです。

バターを常温にもどす方法

バターが固いままだとパサパサに、完全に溶かすとカチカチの仕上がりになってしまいます。バターをきちんともどすことで、なめらかな食感のお菓子になります。

40℃くらいの湯に3秒くらいあてます。 / 湯せんからはずして泡立て器で軽く混ぜます。 / 1、2を繰り返して、バターをマヨネーズ状にします。

Rhubarb and lemon cake

Rhubarb and lemon cake ｜ルバーブとレモンのケーキ｜

1

🔲 オーブンを180℃に予熱します。

ルバーブの半量は1cm角に、半量は5mm角にカットします。

2

前ページの 🥄 を参考に無塩バターを常温にもどします。

3

無塩バターのボウルに、グラニュー糖を入れて、泡立て器ですり混ぜます。

4

卵を2～3回に分けて入れ、その都度、混ぜ合わせます。

5

サワークリームを加えて、混ぜ合わせます。

6
レモン汁を加えて混ぜます。

7
薄力粉、ベーキングパウダーを合わせてふるい入れ、泡立て器で粉気がなくなるまで混ぜ合わせます。

8
7の半量を型に入れ、1cm角のルバーブをのせます。

9
残りの生地を入れ、5mm角のルバーブを散らします。

10
180℃のオーブン（2段ある場合は下段）で25〜30分焼きます。焼き上がったら網の上で冷まします。

密閉容器に入れて、常温で1週間ほど日持ちします。

Rhubarb and lemon cake

Nashi pear
Marrons

{和梨・栗のお菓子}

Nashi pear compote jelly

Nashi pear mousse

Compote de marrons

Mont blanc

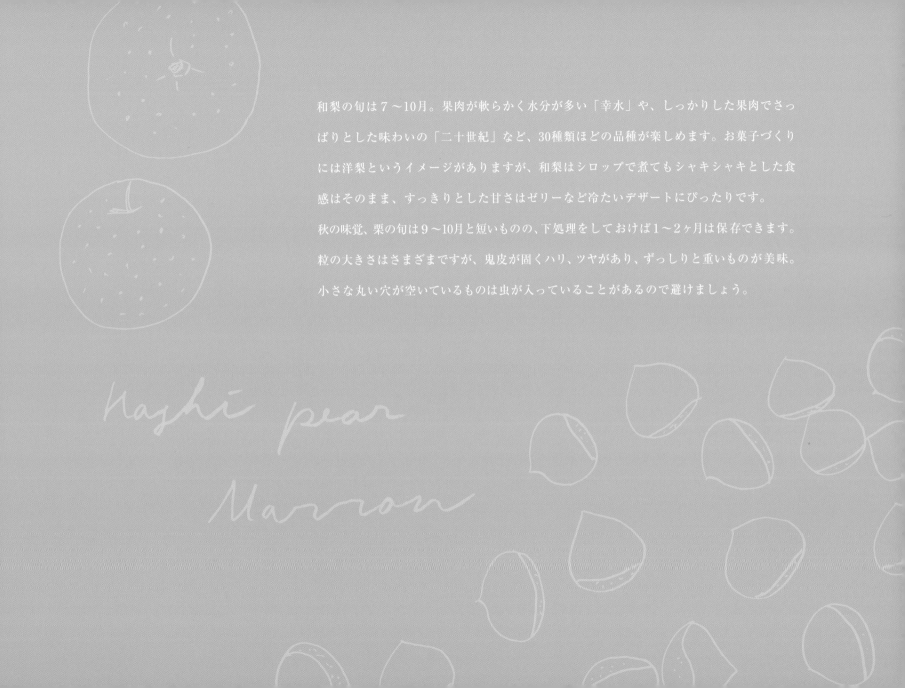

和梨の旬は7〜10月。果肉が軟らかく水分が多い「幸水」や、しっかりした果肉でさっぱりとした味わいの「二十世紀」など、30種類ほどの品種が楽しめます。お菓子づくりには洋梨というイメージがありますが、和梨はシロップで煮てもシャキシャキとした食感はそのまま、すっきりとした甘さはゼリーなど冷たいデザートにぴったりです。

秋の味覚、栗の旬は9〜10月と短いものの、下処理をしておけば1〜2ヶ月は保存できます。粒の大きさはさまざまですが、鬼皮が固くハリ、ツヤがあり、ずっしりと重いものが美味。小さな丸い穴が空いているものは虫が入っていることがあるので避けましょう。

Nashi pear

Marron

Nashi pear compote jelly

|和梨のコンポートゼリー|

PREPARATION 準備

16×11cm容器　1個分

密閉容器（16×11cm）1個

和梨　1個

幸水や二十世紀など日本の梨を使います。

グラニュー糖　40g

上白糖でも代用できます。

アニス（八角）　1個

粉ゼラチン　5g ＋ 水　25ml

粉ゼラチンに水を注いでよく混ぜ合わせたら、冷蔵庫に入れて30分ふやかしておきます。

1
小鍋に水200mlとグラニュー糖、アニスを入れて中火にかけます。

2
梨は1/4等分にして皮をむき、芯を取り除き、1〜2cm角にカットします。

3
1が沸騰したら弱火にし、2を入れて10分煮ます。

4
火を止めてアニスを取り出し、ゼラチンをちぎり入れます。

5
ゼラチンが溶けたらボウルに移し、氷水にあてて粗熱を取ります。密閉容器に移し、冷蔵庫で2時間ほど冷やし固めます。

冷蔵庫で3日間ほど日持ちします。

Nashi pear compote jelly

Nashi pear mousse

{和梨のムース}

PREPARATION 準備

100mlグラス　4個分

グラス（100ml）4個

和梨のコンポート 200g

P85手順3のものを使います。

粉ゼラチン 4g + 水 20ml

粉ゼラチンに水を注いでよく混ぜ合わせたら、冷蔵庫に入れて30分ふやかしておきます。

生クリーム 100ml

ボウルに入れて、冷蔵庫で冷やしておきます。乳脂肪分35％のものを使用します。なければ45〜47％のものでもよいです。

グラニュー糖 20g

上白糖でも代用できます。

＜飾り用＞
和梨のコンポート 適量

P85手順3のものを使います。

1
和梨のコンポートをミキサーにかけてペースト状にし、ボウルに移します。

2
ふやかしたゼラチンを湯せんで溶かし、1に加えて混ぜ合わせます。

3
生クリームのボウルにグラニュー糖を入れ、氷水にあてながら3分立てにします。

生クリームは、とろみがつき始めたら3分立てです。

4
2に3を2回に分けて加え、ゴムベラで混ぜ合わせます。

5
グラスに流し入れ、冷蔵庫で冷やし固めます。飾り用の和梨のコンポートをのせます。

密閉容器に入れて、冷蔵庫で3日間ほど日持ちします。和梨のコンポートは食べる直前にのせます。

Nashi Pear mousse

Compote de marrons
〔栗のブランデー煮〕

PREPARATION 準備

栗（皮付き）500g分

栗（皮付き）500g

下処理をしておきます。（P91 参照）

牛乳 50ml ＋ 塩 ひとつまみ

牛乳は、栗のアクを取る作用があります。

グラニュー糖 150g

上白糖でも代用できます。

ブランデー 15ml

1

下処理をした栗をボウルに入れ、沸騰したお湯を栗がかぶるまで入れます。10分ほどおいて皮を柔らかくしておきます。

2

鬼皮と渋皮をむきます。
1. 栗のおしり部分を包丁で切り落とします。
2. 側面をくるりと一周むきます。
3. 手で鬼皮をむきます。
4. 包丁で渋皮をむきます。

3

鍋に水500mlを入れ、牛乳+塩を加えて中火にかけます。沸騰したら弱火にして2を入れ、キッチンペーパーで紙蓋をして30〜40分ほど栗が柔らかくなるまで煮ます。

琺瑯またはステンレスの鍋を使います。アルミの鍋で煮ると、栗の色が黒ずみます。

4

栗が柔らかくなったら、ざるに上げます。水をはったボウルに栗を入れて洗い、水を捨てます。これを3回ほどくり返し、牛乳をよく洗い落としてください。

牛乳成分が残ってしまうと、傷みやすいので日持ちが悪くなります。

5

鍋に水150mlとグラニュー糖、ブランデーを入れて、沸騰したら弱火にして栗を入れます。キッチンペーパーで紙蓋をして弱火にかけて再沸騰したら火を止め、そのまま冷まします。

密閉容器に入れて、冷蔵庫で2週間ほど日持ちします。

Compote de marrons

Mont blanc
| モンブラン |

PREPARATION 準備　　約100mlグラス　4個分

グラス (100ml) 4個	絞り出し袋・ モンブラン用口金	栗（皮付き）250g （正味170g）	生クリーム 75ml	上白糖 50g	ブランデー 10ml

下処理をしておきます。

ボウルに入れて、冷蔵庫で冷やしておきます。乳脂肪分45～47％のものを使用します。なければ35％のものでもよいです。

―― 飾り用生クリーム ――

生クリーム 125ml	グラニュー糖 10g

冷蔵庫で冷やしておきます。

栗の下処理と保存法

栗は購入後そのまま放置しておくと、表面が白くなり、虫が湧いてしまいます。
下処理すると茹で上がりも早く、1,2ヶ月は保存することもできます。

1. 1.5％の塩水に5～6時間つけます。（栗100gの場合は水100ml＋塩1.5g）
2. 保存する場合は、水気を切って新聞紙で包みます。
3. ビニール袋に入れて冷蔵庫の野菜室で保存します。翌日に新聞紙を取り替えます。その後は1週間に1回、新聞紙を替えます。

Mont blanc [モンブラン]

1

前ページの🔪を参考に下処理した栗を鍋に入れ、たっぷりの水を注ぎます。強火にかけ、沸騰したら中火にして30〜40分茹でます。

栗を1つ取り出し、半分に切りホクホクとしていれば茹で上がりです。

2

お湯は捨てずに、鍋から栗を1粒取り出します。半分にカットして、スプーンで身を取り出します。

3

実が熱いうちに裏ごしをします。他の栗も1粒ずつ実を取り出して裏ごしをします。約170g取り分けます。

栗が冷めると固くなり、裏ごししにくくなります。

4

生クリームのボウルを氷水にあて、上白糖を加えて泡立て器でざっとすり混ぜます。

5

ブランデーを加え、軽くとろみがつくまで混ぜます。

6
氷水からはずし、3を加えてゴムベラで混ぜます。

7
飾り用生クリームの材料をボウルに入れ、氷水にあてて9分立てにします。

つのがピンと立つ手前くらいの状態が9分立てです。

8
7の半量をグラスに入れます。

9
モンブラン用口金をつけた絞り出し袋に6を入れ、8に絞ります。

時間が経つと固くなるので、栗を合わせたらなるべく早めに絞ります。

10
7の残りを飾ります。

密閉容器に入れて、常温で1週間ほど日持ちします。

 Apple {りんごのお菓子}

Apple jam

Apple jam cupcakes

Caramel apple walnut cake

Tarte aux pommes

紅玉、ふじ、王林、陸奥……。

りんごは、主に生産されているものだけでも100以上の品種があります。栽培技術も進歩して一年を通して手に入りやすい果物ですが、本来の旬は10〜2月。さまざまなりんごを味わい、違いを楽しんでください。食べ頃を逃してしまったりんごは、ひと手間加えればおいしいお菓子に生まれ変わります。

9〜11月上旬が旬の「紅玉」は、皮の色が鮮やかで果肉が固く、酸味が強いのが特徴。真っ赤なりんごジャムをつくるのに最適です。

apple

Apple jam

|真っ赤なりんごジャム|

PREPARATION 準備

約400g

りんご 2個

紅玉など皮の赤いりんごがおすすめです。

グラニュー糖

りんご正味の半量を計量します。
（作り方3参照）
上白糖でも代用できます。

レモン汁 小さじ1/2

不織布の袋　1枚

1

りんごはよく洗って4〜8等分にカットします。皮をむき、芯を取り除き、いちょう切りに薄くスライスします。

皮や芯の部分には、ジャムにとろみをつけるペクチンが多く含まれています。

2

皮と芯は不織布の袋に入れておきます。

3

1を計量し、半分の重さのグラニュー糖を用意します。1、グラニュー糖、レモン汁をよく混ぜ合わせ、キッチンペーパーをかぶせて、そのまま1時間おきます。

4

鍋に2と3を入れて、キッチンペーパーをかぶせて蓋をし、ごく弱火にかけて蒸し煮にします。

使用する鍋は、ゆっくりと熱が入り、保温力がある、琺瑯がおすすめです。

5

30分たったら、皮と芯を取り除き、蓋をはずして水分がなくなるまで煮ます。火を止めてそのまま冷まします。

密閉容器に入れて、冷蔵庫で1ヶ月ほど日持ちします。

Apple jam

Apple jam cupcakes
{りんごジャムのカップケーキ}

PREPARATION 準備　　直径5.5cmマフィン型　12個分

マフィン型
（直径5.5cm×6個）2台

マフィン型にグラシン紙を敷いておきます。紙のマフィンカップでも代用できます。

卵 Lサイズ1個

ボウルに入れて、溶きほぐしておきます。

グラニュー糖 80g

上白糖でも代用できます。

サラダ油　40g

ヨーグルト（無糖）80g

薄力粉　100g

ベーキングパウダー
小さじ1

りんごジャム 120g

P96の真っ赤なりんごジャムを使います。

ヨーグルト
（無糖、水切り前）200g

ボウルにざるを重ね、キッチンペーパーを敷きます。ヨーグルトを入れて1時間水切りしておきます。水切り後は約100g。

ヨーグルトクリーム

生クリーム 100ml

ボウルに入れて、冷蔵庫で冷やしておきます。乳脂肪分45〜47％のものを使用します。

グラニュー糖 15g

Apple jam cupcakes　99

Apple jam cupcakes {りんごジャムのカップケーキ}

1

🔲 オーブンを160℃に予熱します。
卵のボウルにグラニュー糖を加えて泡立て器ですり混ぜます。

2

サラダ油を加えて、少しねっとりとするまで混ぜます。ヨーグルトを加えて混ぜます。

3

薄力粉とベーキングパウダーを合わせてふるい入れます。

4

ゴムベラで粉気がなくなるまで混ぜ合わせます。

5

マフィン型に4の半量を流し入れます。

6
りんごジャムを大さじ1入れ、残りの生地を流し入れます。

7
160℃のオーブン(2段の場合は下段)で30分焼きます。焼き上がったら型からはずし、網の上で冷まします。

8
ヨーグルトクリームをつくります。生クリームのボウルにグラニュー糖を入れて、氷水にあてて固く泡立てます。

9
水切りしたヨーグルトを半量ずつ加えて、その都度、混ぜ合わせます。

10
7が冷めたら9を飾ります。

星の口金をつけた絞り出し袋に入れて絞り出すと写真のようなイメージに。スプーンでのせてもよいです。密閉容器に入れて、冷蔵庫で3日間ほど日持ちします。

Apple jam cupcakes

Caramel apple walnut cake
{りんごとくるみのキャラメルケーキ}

PREPARATION 準備   直径11.5cmクグロフ型　2台分

クグロフ型
（直径11.5cm）2台

型に無塩バター（分量外）をうすくぬり、強力粉（分量外）をはたいて余分な粉を落とします。使うまで冷蔵庫で冷やしておきます。

─── カラメル用 ───

生クリーム 25ml

乳脂肪分45〜47％のものを使用します。使う直前に500wの電子レンジに20秒かけてあたためます。

グラニュー糖 25g

小鍋に入れておきます。上白糖でも代用できます。

無塩バター 80g

ボウルに入れて、常温にもどしておきます。
（P79 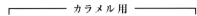 参照）

はちみつ 20g

グラニュー糖 65g

上白糖でも代用できます。

卵　Lサイズ1個

溶きほぐして、常温にもどしておきます。
卵が冷たいと生地が分離しやすくなります。冷たい場合は30℃くらいの湯にあてます。

くるみ 40g

りんご 1/2個分
（約100g）

皮をむき、芯を取り除き、5mm角に切っておきます。

薄力粉 80g

ベーキングパウダー 小さじ1/2

シナモン 小さじ1/4

Caramel apple walnut cake

Caramel apple walnut cake りんごとくるみのキャラメルケーキ

1

カラメルをつくります。
グラニュー糖の小鍋を中火にかけ、カラメル色になるまで焦がします。あたためた生クリームを加えてざっと混ぜたら火から下ろします。

2

オーブンを170℃に予熱します。
P79の を参考に無塩バターを常温にもどし、はちみつを加えて泡立て器で混ぜます。

3

グラニュー糖を加えて混ぜます。

4

卵を4～5回に分けて加えて泡立て器で混ぜ合わせます。

卵を少し入れて泡立て器で混ぜ、卵が見えなくなったら次を入れます。

5

1の粗熱が取れたら、くるみとりんごを入れて、ゴムベラで混ぜ合わせます。

6
5を4に加えて混ぜ合わせます。

7
薄力粉とベーキングパウダー、シナモンを合わせてふるい入れ、粉気がなくなるまで混ぜ合わせます。

8
クグロフ型に流し入れ、170℃のオーブン（2段の場合は下段）で50分焼きます。

9
焼き上がったら型の側面と底をトントンたたき、型からはずします。

10
網の上で冷まします。

密閉容器に入れて、常温で1週間ほど日持ちします。

Tarte aux pommes
{りんごのパイ}

PREPARATION 準備　　直径約20cm　1個分

			アーモンドクリーム用		

天板　　パイ生地　　無塩バター 20g　　グラニュー糖 20g　　アーモンドパウダー 20g

オーブンシートを敷いておきます。オーブンを予熱するときはオーブンから出しておきます。

家庭でもフードプロセッサーを使って簡単にパイ生地がつくれます。市販のパイ生地でも代用できます。

ボウルに入れて、常温にもどしておきます。（P79 参照）

上白糖でも代用できます。

常温にもどしておきます。

りんご 1個　　ブラウンシュガー 適量　　無塩バター 10g　　シナモンパウダー 適宜

5mm角にカットして、使うまで冷やしておきます。

フードプロセッサーを使ったパイ生地の作り方

無塩バター（1cm角）50g、薄力粉50g、水20ml＋グラニュー糖2g、それぞれ計量して冷蔵庫で冷やします。

フードプロセッサーに無塩バターと薄力粉を入れてバターがあずき粒くらいになるまでかけます。

水＋グラニュー糖を入れて、ひとまとまりになるまでかけます。

ラップに包んで冷蔵庫で2時間休ませます。

Tarte aux pommes

Tarte aux pommes 〔りんごのパイ〕

1
アーモンドクリームをつくります。P79の🥄を参考に無塩バターを常温にもどし、グラニュー糖を加えてすり混ぜます。

2
卵を3回に分けて加え、混ぜ合わせます。
卵を少し入れて泡立て器で混ぜ、卵が見えなくなったら次を入れます。

3
アーモンドパウダーをふるい入れ、ゴムベラで粉気がなくなるまで混ぜ合わせます。使うまで冷蔵庫で休ませます。

4
パイ生地を伸ばします。強力粉（分量外）をふった台の上で、直径約20cm大にのばし、ラップをかぶせて、冷蔵庫で30分休ませます。

5
りんごは4等分にして芯を取り除き、5mm幅にカットします。

6

🔲 オーブンを190℃に予熱します。
パイ生地をまるくカットして天板
にのせます。

ボウルや皿を利用するとカットしや
すいです。

7

3をのせ、縁から3cmほど
残して広げます。

8

5を縁から2cmくらいを残
して、アーモンドクリームを覆
うように重ねながら並べてい
きます。

外側から中心に向かって、円を描
くように並べます。

9

ブラウンシュガーをふるい、
無塩バターを適当な場所に
のせます。シナモンパウダー
をふるいます。

10

190℃のオーブン(2段の場合
は下段)で45分焼きます。

焼き立てがおすすめです。
密閉容器に入れて、常温で3日
間ほど日持ちします。

Tarte aux pommes

Banana ｛バナナのお菓子｝

Banana coconut pudding

Banana chiffon cake

Hummingbird cake

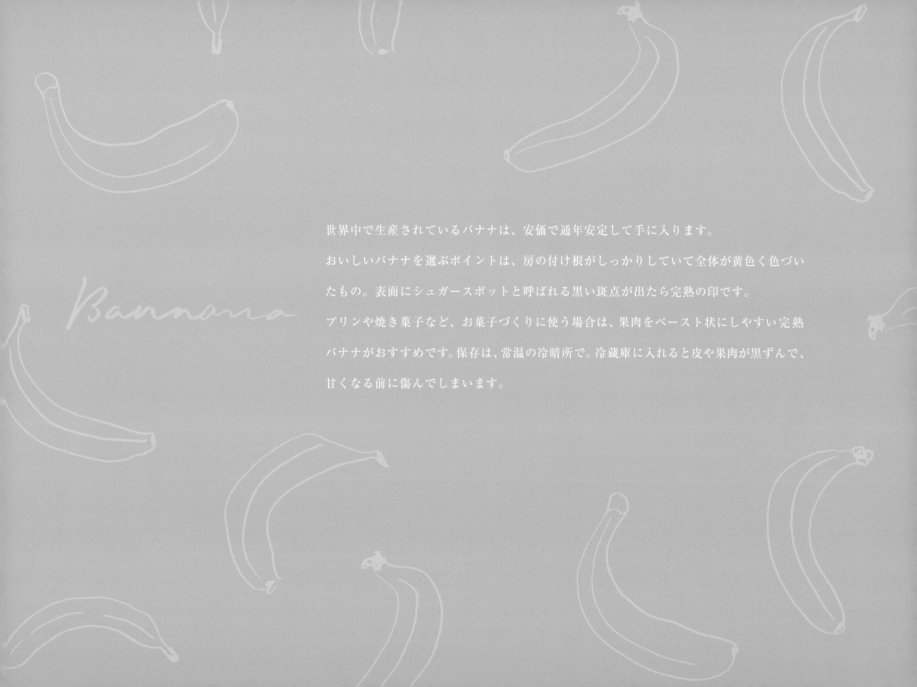

世界中で生産されているバナナは、安価で通年安定して手に入ります。
おいしいバナナを選ぶポイントは、房の付け根がしっかりしていて全体が黄色く色づいたもの。表面にシュガースポットと呼ばれる黒い斑点が出たら完熟の印です。
プリンや焼き菓子など、お菓子づくりに使う場合は、果肉をペースト状にしやすい完熟バナナがおすすめです。保存は、常温の冷暗所で。冷蔵庫に入れると皮や果肉が黒ずんで、甘くなる前に傷んでしまいます。

Banana coconut pudding
{ バナナ ココナッツ プディング }

PREPARATION 準備　　直径8cmココット型　4個分

ココット型 （直径8cm）4個	バナナ 約2本 （正味約150g）	牛乳 100ml	ココナッツミルク 160ml	卵　Lサイズ2個

		小鍋に入れておきます。		ボウルに入れて、溶きほぐしておきます。

―― カラメル用 ――

グラニュー糖 50g	バニラエッセンス	グラニュー糖 60g	熱湯 40ml

		小鍋に入れておきます。	

Banana coconut pudding ｜バナナ ココナッツ プディング｜

1

オーブンを150℃に予熱します。
牛乳の小鍋にココナッツミルクを入れて中火にかけ、沸騰直前まであたためます。

2

ミキサーにバナナと1の1/3量を入れ、ペースト状にします。

フードプロセッサーや泡立て器で、バナナがなめらかになるまで潰してもよいです。

3

卵のボウルにグラニュー糖を加えて泡立て器ですり混ぜます。

4

3に1と2、バニラエッセンスを加えて混ぜ合わせます。

5

4をココット型に流し入れます。

6

バットに並べ、40℃くらいの湯を型の下2cmくらい浸るまで注ぎます。バットを天板にのせ、150℃のオーブン（2段の場合は下段）で40分湯せん焼きします。

バットがなければ、天板に直にお湯を注いで並べてもよいです。

7

焼き上がったら網の上で冷まし、冷蔵庫で冷やします。

8

カラメルをつくります。
グラニュー糖を中火にかけて、たまに鍋をゆすりながら溶かし、半分くらい溶けてきたらヘラでかき混ぜます。

9

全体がカラメル色になったら、火を止めて熱湯を少しずつ加えます。そのまま3分ほど中火にかけてカラメルを仕上げます。

湯がぬるいとカラメルがはねて危ないので必ず熱い湯を注ぎます。

10

7にカラメルをかけていただきます。

カラメルは、食べる直前にかけるとおいしくいただけます。
密閉容器に入れて、冷蔵庫で3日間ほど日持ちします。

Banana coconut pudding

Banana chiffon cake
{ バナナシフォンケーキ }

PREPARATION 準備　　直径20cmシフォン型　1台分

シフォン型 (直径20cm)1台	バナナ 2本 (正味約200g)	水 大さじ2	卵黄　Lサイズ4個	ブラウンシュガー 80g

			ボウルに入れておきます。	きび糖でも代用できます。

―――― メレンゲ用 ――――

サラダ油　50g	薄力粉 130g	ベーキングパウダー 小さじ1	卵白　Lサイズ4個	グラニュー糖 50g

			ボウルに入れて溶きほぐし、冷蔵庫で15分ほど冷やします。	上白糖でも代用できます。

Banana chiffon cake

Banana chiffon cake 〖バナナシフォンケーキ〗

1

🔥オーブンを180℃に予熱します。
バナナを指で適当な大きさに潰しながらミキサーに入れます。水を加えてジュース状になるまでかけます。

2

卵黄のボウルにブラウンシュガーを入れ、泡立て器でよく混ぜます。

3

サラダ油と1を加えて混ぜます。

4

薄力粉、ベーキングパウダーを合わせてふるい入れ、ダマがなくなり、なめらかな生地になるまで混ぜます。

5

メレンゲをつくります。
卵白のボウルにグラニュー糖小さじ1入れ、ハンドミキサー低速にかけます。全体が白っぽくなったら、中速に上げます。

6

全体のキメが細かくなったら高速にして、残りのグラニュー糖を2回に分けて加えます。羽を持ち上げたときに、根元はしっかりしていて先が少し垂れるくらいになれば出来上がりです。

7

4に6の1/3を入れ、ゴムベラでよく混ぜます。残りのメレンゲを半量づつ加え、泡をつぶさないように大きく混ぜます。

8

シフォン型に流し入れ、180℃のオーブン(2段の場合は下段)で35分焼きます。焼き上がったら型ごと逆さまにして冷まします。

型に流すときは空気が入らないように生地を一箇所から一気に流し入れます。

9

パレットナイフを型と生地の間に差し込んで一周回します。外型からはずします。中心部の筒の周りをナイフで一周回します。

10

底にパレットナイフを差し込み、一周回します。逆さまにして型を抜きます。

密閉容器に入れて、常温で1週間ほど日持ちします。

Banana chiffon cake

Hummingbird cake

{ ハミングバードケーキ（バナナとパイナップルのケーキ）}

PREPARATION 準備　　8×18.5cmパウンド型 1台分

パウンド型
（8×18.5×深さ6.5cm）1台

オーブンシートを敷いて
おきます。

卵　Lサイズ2個

ボウルに入れて、溶き
ほぐしておきます。

グラニュー糖 40g

上白糖でも代用できます。

三温糖 100g
＋ 塩 ひとつまみ

三温糖はブラウンシュガー
やきび糖でも代用できます。

サラダ油 100g　　薄力粉 160g

ベーキングパウダー
小さじ1

シナモン 小さじ2

バナナ 1本
（正味約100g）

パイナップル（缶詰）4枚

ピーカンナッツ 50g

キッチンペーパーを敷い
た天板にのせて170℃に
あたためたオーブンで7分
空焼きをします。

＜シナモンアイシング＞
粉砂糖 40g
シナモン 小さじ1/3
水 小さじ1

ケーキが冷めてから
材料を混ぜ合わせて
アイシングをつくります。

Hummingbird cake

Hummingbird cake ｛ハミングバードケーキ（バナナとパイナップルのケーキ）｝

1

🔲 オーブンを180℃に予熱します。
パイナップルを5mm〜1cm角にカットして、キッチンペーパーで水気を取っておきます。

2

卵のボウルにグラニュー糖、三温糖＋塩を合わせてふるい入れ、泡立て器で混ぜ合わせます。

3

サラダ油を加えてねっとりとするまで混ぜます。

4

薄力粉、ベーキングパウダー、シナモンを合わせてふるい入れます。

5

バナナを指で潰しながら加えます。

6
1を入れ、ピーカンナッツを手で砕きながら加えます。

7
ゴムベラで粉気がなくなるまで混ぜ合わせます。

8
パウンド型に流し入れ、180℃のオーブン(2段の場合は下段)で50分〜1時間焼きます。

9
焼き上がったら、型からはずして、網の上で冷まします。

10
9が冷めたら、シナモンアイシングをかけます。

密閉容器に入れて、常温で1週間ほど日持ちします。

Hummingbird cake

Homemade fruit syrup 季節ごとに楽しむ果物のシロップ

Lemon syrup [レモンシロップ]

【レモンシロップ 約1000ml分】

2リットル密封瓶	1個
レモン	800g（約8個分）
氷砂糖	800g
はちみつ	200g

1 密封瓶は煮沸消毒しておきます。

2 レモンは5mm厚にスライスします。レモンの皮は、お好みでむいてもよいです。

3 密封瓶にレモン、氷砂糖、はちみつを交互に入れます。

4 冷暗所に置いて、1日1回瓶をゆすって混ぜます。

5 氷砂糖が溶けたらレモンを取り除き、冷蔵庫で保存します。半年ほど日持ちします。

〈アイスレモネード〉
レモンシロップ大さじ2、レモン果汁大さじ1、炭酸水100mlをグラスに入れてかき混ぜます。お好みで氷やハーブ(ローズマリーやミントなど)を添えてどうぞ。

🥄 レモンの旬は1〜3月。国産の無農薬レモンが手に入る時期に漬け込みます。暑い夏にキリッと冷やして、寒い冬にはホットレモネードもおすすめです。

Strawberry syrup 〔いちごシロップ〕

【いちごシロップ 約250ml分】

1リットル密封瓶	1個
いちご	200g
氷砂糖	200g

1 密封瓶は煮沸消毒しておきます。

2 いちごはヘタをカットして、表面をキッチンペーパーできれいにふき取ります。

3 密封瓶にいちごと氷砂糖が交互になるように入れます。

4 冷暗所に置いて、1日1回瓶をゆすって混ぜます。

5 氷砂糖が溶けたら冷蔵庫で保存します。1ヶ月ほど日持ちします。

〈いちごミルク〉

いちごシロップ40ml、牛乳140ml、氷をカップに入れてかき混ぜます。
いちごの果肉はお好みの量をどうぞ。

苺が旬を迎える3〜5月頃、小粒の苺がたくさん手に入ったときにぜひつくってみてください。
アイスクリームにかけるソースとして、またミルクやソーダで割ってどうぞ。

Wrapping ラッピングについて

Gusset packaging
|ガゼット袋|

マチ付きの保存袋は、パウンドケーキの他、クッキーやサブレのラッピングにもおすすめです。小さめのガゼット袋にサブレを平らに重ねて入れれば、割れにくく、プレゼントにも最適です。

Bottle
|空き瓶・保存瓶|

ジャムの空き瓶やガラスの保存瓶は、ゼリーを持ち運ぶときに便利です。密閉されるので中身がこぼれず、簡易スプーンをつけて持って行けば、ピクニックのおしゃれなデザートになります。

Wax paper
|ワックスペーパー|

ロウやパラフィンなどを染み込ませ、耐水性・耐湿性を持たせた紙。クッキーやケーキなど油分の多いお菓子を包んでも、油が染みません。うっすら中身が透けて見え、ナチュラルなラッピングに。

Desiccant・Deoxidizer
|乾燥剤・脱酸素剤|

サブレなど湿気やすいお菓子の保存には乾燥剤、シフォンケーキやパウンドケーキなど酸化を防止したいお菓子には脱酸素剤がおすすめです。乾燥剤や脱酸素剤を使うことで日持ちがよくなります。

Masking tape
|マスキングテープ|

さまざまなデザインやカラフルな色が揃うマスキングテープはラッピングに大活躍。無地のマスキングテープにメッセージやお菓子の名前を書いて貼るとリボンにもラベルにもなります。

Paper tag
|荷札|

荷札は使い方次第でプレゼントのアクセントになります。メッセージをスタンプで印字するとスタイリッシュな印象に。針金付きの荷札は菓子袋の口を閉じるリボンタイの代わりとしても使えます。

Disposable cups
|プラスチックカップ・紙コップ|

クリームをデコレーションしたカップケーキの包装におすすめなのが、プラスチックカップや紙コップ。クリームがよれず、安定して持ち運べます。1個ずつラッピングすれば、パーティーでの取り分けにも便利です。

Baking Paper
|オーブンシート|

天板や焼き型に敷くオーブンシートは、ロールケーキなどをあらかじめカットして持って行く際に便利です。ケーキの幅に合わせてシートをカットし、一切れずつ包めば、形を崩さずに箱から取り出せます。

color paper
|薄葉紙|

薄葉紙はラッピング用の薄紙。大きなシフォンケーキをふんわり包んだり、小さなお菓子を一粒ずつ包むのに便利です。色数も豊富なので、気分に合わせて使いましょう。

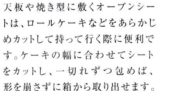

Opp packaging
|OPP袋|

お菓子をラッピングするのに万能なのがOPP袋。さまざまなサイズを常備しておくと便利です。カップケーキやマフィンなど小さめのお菓子を小分けにしたり、アイデアしだいで素敵なラッピング用材になります。

Lace paper
|レースペーパー|

ケーキやお料理の華やかな演出に欠かせないレースペーパー。ケーキにペーパーをのせた上から粉砂糖をふってデコレーションしたり、箱に被せてリボンを結べば華やかなプレゼントボックスになります。

Clip sealer
|クリップシーラー|

ビニール製の袋をラッピングする際に便利なのがクリップ式の家庭用シーラー。ビニール口をはさむだけで、ぴったりシールし、密封できるので、乾燥剤や脱酸素材の効きもよくなります。

Wrapping

おわりに

「栗が出てたから買ってきちゃった」。
母は私がつくるモンブランが大好きで、秋になると栗を買ってきて「つくって!」と言います。私は「勝手だなぁ」と心の中で思いつつも、ちょっと嬉しい。わが家の恒例のやりとりです。
知り合いからお庭で採れた果物をたくさんいただいたときは、ジャムやお菓子にしてお返ししています。
果物農家さんに足を運ぶと、感謝の気持ちでいっぱいになります。丹精を尽くした畑を見て、栽培のご苦労を伺うと、皮まで無駄にできないと感じます。
果物のお菓子は、人と人との縁をつないでくれるように思います。

育てた人、食べる人、贈る相手を思い浮かべながら旬を感じてつくる時間は、やさしい気持ちに溢れます。
皮をむいたり、コトコト煮たり、裏ごしたり、ていねいに作業をする時間をなにより幸せに感じます。
果物のお菓子には、暮らしの豊かさが詰まっています。
このレシピブックから、旬の果物でお菓子をつくる楽しみが生まれますように。

そして、今回も一緒に私の想いを本にして下さった制作チームに、大きな感謝を申し上げます。

2018年3月

un pur...
Yukiko Iizuka

やさしい果物のお菓子
すべての手順が写真でわかる10枚レシピ

2018年3月7日　初版第1刷発行

著者	飯塚有紀子
デザイン	飯塚有紀子
写真	よねくらりょう
写真協力	山本尚意
	宮濱祐美子
コーディネイト	長井史枝
編集	谷口香織
料理アシスタント	吉原桃子
発行者	柳谷行宏
発行所	雷鳥社

〒167-0043 東京都杉並区上荻2-4-12
TEL 03-5303-9766　FAX 03-5303-9567
HP http://www.raichosha.co.jp/
E-mail info@raichosha.co.jp
郵便振替 00110-9-97086

印刷・製本　シナノ印刷株式会社

定価はカバーに表示してあります。
本書の写真、イラストおよび記事の無断転写・複写をお断りいたします。
著者権者、出版者の権利侵害となります。
万一、乱丁・落丁がありました場合はお取り替えいたします。

©Yukiko Iizuka / Raichosha 2018 Printed in Japan.
ISBN 978-4-8441-3740-5　C0077